Kurt Eisner
Schuld und Sühne
Gesammelte Flugschriften von 1919

SEVERUS Verlag

Eisner, Kurt: Schuld und Sühne. Gesammelte Flugschriften von 1919.
2019
Neuauflage der Ausgabe von 1919
ISBN: 978-3-96345-164-5

Satz: Jana Rosebrock

Umschlaggestaltung: Annelie Lamers, SEVERUS Verlag
Umschlagmotiv: www.pixabay.com/ www.freepik.com

Bibliografische Information der Deutschen Nationalbibliothek: Die
Deutsche Nationalbibliothek verzeichnet diese Publikation in der
Deutschen Nationalbibliografie; detaillierte bibliografische Daten
sind im Internet über https://dnb.de abrufbar.

Der SEVERUS Verlag ist ein Imprint der Bedey & Thoms Media GmbH,
Hermannstal 119k, 22119 Hamburg

SEVERUS Verlag, 2019
http://www.severus-verlag.de
Gedruckt in Deutschland

Kurt Eisner

Schuld und Sühne
Gesammelte Flugschriften von 1919

Inhalt

Einleitung

Der Fluch, der seit vier Jahren auf dem deutschen Volke lastete, ist noch immer nicht gewichen. Der Fluch der Lüge und des aus der Lüge geborenen Verbrechens. Die Lüge eines machtberauschten Nationalismus und größenwahnsinnigen Militarismus stürzte das deutsche Volk in den ruchlosesten und grauenhaftesten aller Kriege. Sie verblendete vier Jahre lang das deutsche Volk, einst das Volk der Denker und Dichter geheißen, vollständig über die wahren Ursachen des Krieges, über das Empfinden und die Ansichten der zivilisierten Welt, über die eigene Macht und über die Stärke der Gegner. Sie vergeudete vier Jahre lang sinnlos und schmachvoll die deutsche Volkskraft und arbeitete in dämonischer Selbstzerstörungswut an dem unausbleiblichen Zusammenbruch. Aber als endlich dieser Zusammenbruch kam, als Dynastie und Militarismus, durch vierjährige Lüge und Korruption bis ins innerste Mark von Fäulnis angefressen, ohnmächtig zusammenkrachten, da rangen sich nicht neue lebensstarke, sittlich kernhafte Kräfte an die Oberfläche. Nicht die Wahrheit triumphierte, sondern die Lüge schlüpfte listig ins Gewand der Revolution und blieb obenauf! Die alten Verbündeten und Hehler der Lüge und der Korruption übernahmen die Regierung der deutschen Republik. Und verblendet und gewissenlos wie je, glaubten sie im alten Stile Politik machen zu können. Ohne reuiges Schuldbekenntnis, ohne Sühnung der ungeheuren Verbrechen des alten Systems glaubten sie zum guten Frieden zu kommen, wähnten sie als Gleichberechtigte in den Völkerbund aufgenommen zu werden. Ohne ehrliches Bekenntnis zum neuen, sozialistischen Geiste der in den tiefsten Tiefen aufgewühlten Zeit glaubten sie das Chaos meistern zu können. Und als die gärenden Kräfte des Volkes und alle guten Geister der Nation sich gegen dieses System der grenzenlosen Unfähigkeit und Verblendung auflehnten, da griff man wiederum zu dem alten Mittel der Lüge und der Verleumdung, demselben Mittel, das während der vier Jahre das deutsche Volk ins Unglück gebracht hatte. Und die Wirkung war auch diesmal die gleiche: **die Herrschaft der Lüge und der Korruption erlebte ihren zweiten Zusammenbruch!**

Kurt Eisner fiel als das Opfer dieses Systems der alten ruchlosen nationalistischen Lüge – aber dieses Opfer riss zugleich das schuldbeladene System an den Rand des Abgrunds. Nicht nur Bayern steht in hellen Flammen, sondern auch ganz Mitteldeutschland. Und jeden Augenblick können sich wieder die Massen im übrigen Deutschland erheben, in Berlin, Hamburg und den anderen Brennpunkten des politischen Lebens. Die Wetterwolken hängen schwer über dem ganzen Land, und in Weimar dämmert Weltuntergangsstimmung!

Es ist ein eigenes Verhängnis, dass sich gerade an den Namen des Mannes das heraufziehende Unheil für die Mehrheitssozialisten knüpft, der sie in großherzigster Selbstüberwindung vor dem Verderben zu bewahren suchte. **Und dass jetzt Kurt Eisner das drohende Rachegespenst für die Staatsordnung geworden ist, die er wirksamer zu schützen wusste als die Garde des Herrn Noske!** Denn Kurt Eisner war nicht nur der hochherzigste Patriot, sondern auch ehrlicher Anhänger der Demokratie, abgesagter Gegner jedes gewalttätigen Minderheitsregiments, auch eines proletarischen. Es ist deshalb auch ein Stück geschichtlicher Nemesis, dass das System der Lüge dadurch, dass es in toller Verblendung gegen den lautersten Bekenner der historischen Wahrheit und des sozialen Rechts einen wüsten Verleumdungsfeldzug inszenierte und ihn damit als Attentatsobjekt eines reaktionären Desperados zeichnete, selbst alle Furien der Vergeltung gegen sich entfesselte.

***

Wenn einer berufen gewesen wäre, den höchsten Posten in der deutschen Republik einzunehmen, auf den jetzt eine ironische Zufallslaune und politische Hilflosigkeit einen weder im Guten noch im Bösen hervorstechenden Dutzendmenschen gesetzt hat, so wäre es Kurt Eisner gewesen. Nicht nur deshalb, weil Eisner seit Jahren das alte Regime mit glühender Leidenschaft bekämpft und es in kühner revolutionärer Tat mit zu Fall gebracht hatte, während Ebert bis zum letzten Augenblick nichts als eine solide Stütze des wider seinen Willen gestürzten Regimes von gestern gewesen war. Auch nicht nur deshalb, weil Eisner die empörte Auflehnung seines sittlichen Ichs mit vielen Monaten Kerkerhaft hatte büßen müssen, während Ebert als alter getreuer Verbündeter Ludendorffs schon unter dem alten Regime behäbig die Staffeln zum Reichskanzleramt emporgestiegen war. Sondern auch darum, weil Eisner als Gesamtpersönlichkeit die schönste Verkörperung des deutschen Genius war, weil er alle Vorzüge des Talentes und des Charakters in sich vereinigte. In einem Zeitalter des stupiden Materialismus und der eitlen Erfolgsjägerei hatte er sich die reine Geistigkeit idealen Strebens bewahrt, die auf äußere Ehrungen und Einfluss lächelnd verzichtete. Mit welcher Verachtung in Stimme und Gebärde erzählte er mir vor Jahresfrist von dem plumpen Missverständnis eines ehemaligen Freundes, der seinen heißen Drang, den irren Lauf dieser aus den Fugen gegangenen Zeit heilsam zügeln zu helfen, mit der Zusicherung beschwichtigen zu können geglaubt hatte, ihm im offiziösen Pressedienst zu einem einflussreichen Posten zu verhelfen. Als ob Kurt Eisner ein Friedrich Stampfer oder Ulrich Rauscher gewesen wäre! Wie fern ihm jeder kleinliche Ehrgeiz lag, bewies er in jenen ersten Tagen der siegreichen Revolution, wo er Karl Liebknecht zum Präsidenten der Republik vorschlug. Und niemand hat es aufrichtiger bedauert als Eisner, dass Liebknechts Weg sich immer mehr von dem seinen trennte, dass er sich von der klaren Marschroute der Demokratie entfernte. Noch einmal, mehrere Wochen später, als der Spartakismus sich schon in schroffen Gegensatz zu der Taktik der Haase und Kautsky gestellt hatte, die auch Eisner für die im Prinzip richtige hielt, machte Eisner in langer, leidenschaftlicher Verhandlung den Versuch, Liebknecht zum Anschluss an eine scharfumrissene sozi-

alistisch-demokratische Politik, zum Eintritt in eine
Regierung der geeinten sozialistischen Linken zu
bewegen. Der Versuch scheiterte, aber niemand hat
es schmerzlicher empfunden als Eisner, dass Liebknecht nicht die führende Rolle übernehmen wollte
und konnte, für die er ihn bestimmt geglaubt hatte.

***

Solange Eisner nichts zu sein schien als ein glänzen-
der Stilist, ein geistreicher Schriftsteller, war er des
Beifalls derer sicher, die ihn später verlästerten, ihn
einen Phantasten und Narren schalten. Solange das
funkelnde Spiel seiner Phantasie und seines Witzes
zur Unterhaltung diente, kargte man nicht mit Lob
und Anerkennung. Man sprach von seinen „berühm-
ten" Leitartikeln. schwärmte von seinen von Geist
und Laune sprühenden Feuilletons. Hätte Eisner
keinen edleren Ehrgeiz gekannt, als unter dem Jour-
nalisten- und Literatenvölkchen als Stilkünstler und
Schöngeist zu glänzen, so hätte er sich die Gunst aller
Flauen und Bequemen dauernd erhalten. Aber Eisner war kein spielerisches Talent, kein Formalist, den
der schöne Ausdruck den Inhalt vergessen ließ, sondern ein Feuergeist voll schöpferischer Sehnsüchte.
In anderen, seelisch und gesellschaftlich minder zer-
klüfteten und aufgewühlten Zeiten wäre er vielleicht
Philosoph oder Dichter geworden. Auch dann freilich kein in die Ferm verliebter Artist, sondern ein
Gestalten- und Systemschöpfer im Stile jener Geister, für die er die höchste Ehrfurcht empfand, eines
Kant oder eines Beethoven. Wie Eisner das Wesen

der Kunst erfasste, verrät sein Hymnus auf Beethoven in seiner Schrift „Vor der Revolution": „Erst wer das gemeine Leben ganz verloren, so scheint es, ist berufen, das höherem reinere, das wahre Leben zu erschaffen, das in der großen Kunst sich abbildet. Und einem solchen Märtyrer künstlerischen Schaffens wird auch jener geheime Weltblick zu eigen, der ihn befähigt, in den Eingebungen seines Genies die Visionen der Menschheit, des Erdenschicksals zu gestalten. Das ist das eigentliche Wunder der Ewigkeitskunst … In Beethovens Kunst rinnt das Blut der Menschheit. Die Weltgeschichte ringt und brennt in seiner Musik. Alle menschliche Kreatur erscheint als ausgestoßen aus dem verschwenderisch sich darbietenden Erdenglück der Natur, als betrogen um ihre Seligkeit. Aber der Künstler, als barmherzige Gottheit, überwindet für die Menschheit den zerstörenden Gegensatz und führt sie auf die lichten, freien Höhen der Zukunft.

Lag es daran, dass das Zeitalter allzu sehr von Menschheitskämpfen zerrissen war, oder daran, dass bei der Mischung der seelischen Kräfte Eisners der reine Künstler und Denker hinter dem Propheten und sozialen Menschheitsvorkämpfer zurückgetreten war – gleichviel, er wurde Publizist, Politiker, Sozialist. Aber wer in den höchsten Leistungen der Kunst die Visionen der Menschheit gestaltet sieht, der verachtet auch in der Politik den Snobismus, die ideenlose Routine, die armselige Anpassungspolitik, die sich in bequemem Selbstbetrug für kluge Realpolitik hält. Wie alle kühnen Bahnbrecher des Menschheitsfortschrittes war er Optimist, weil er die vorwärtspeitschende Ungeduld und den leidenschaftlichen Idealismus seines eignen Wesens auch breiten Schichten derer zutraute, an deren Erlösung zu arbeiten ihm höchstes Erdenglück bedeutete.

Dieser Optimismus war es, der ihn seinerzeit die Wahlen des Jahres 1903 als „Weltenwende" begrüßen ließ, der ihm 1913 den Vorschlag eingab, bei den Landtagswahlen mit dem Liberalismus schon für die Urwahlen ein Bündnis einzugehen, um endlich den lähmend auf Preußen lastenden Alp der Reaktion abzuschütteln. Und wenn Eisner hier auch in den Mitteln irrte, so müssen wir doch jetzt seinem Wollen Gerechtigkeit widerfahren lassen. Ja, wir müssen gestehen, dass Eisner in seiner leidenschaftlichen Auflehnung gegen die nüchtern klappernde Routine und die grob materielle Erfolgsanbeterei einer kapitalistisch und militaristisch korrumpierten und mechanisierten Zeit einen tieferen Blick in die verhängnisvollen Gebrechen unseres Zeitalters bewiesen hat als wir selbst, die wir Einzelheiten schärfer zu sehen glaubten und wohl auch schärfer sahen.

***

Wahrhaft prophetischen Scharfblick aber bewies Eisner in seiner **Beurteilung der deutschen Weltpolitik.** Seine Schrift „Der Sultan des Weltkrieges" belichtet blendend die Irrgänge und Improvisationen der deutschen Marokkopolitik, die er als die Ausbrüche einer überhitzten nationalistischen Großmannssucht, als ein unbegreiflich frivoles Spiel mit dem Feuer des Weltkriegs geißelt. Leider brachten damals die Parteien, einschließlich der Sozialdemokratie, der auswärtigen Politik noch so wenig Verständnis entgegen, dass der Warnungsruf Eisners fast unbeachtet verhallte. Man schüttelte über die seltsamen Einfälle der Krone und den unberechenbaren Zickzackkurs der deutschen Diplomatie wohl bedenklich den Kopf, raffte sich wohl im Moment unverkennbarer Gefahr auch einmal zu einer Gegenkundgebung auf; aber man traute in gutgläubiger Verblendung unsren Machthabern doch nicht die tollhäuslerische Absicht zu, die Fünkchen eines unbeträchtlichen Konflikts mit vollem Bedacht zum ungeheuerlichen Weltenbrand anblasen zu wollen. Jeder Laie wusste ja, dass bei der Konstellation der Mächte und den beispiellosen Kriegsrüstungen jeder Krieg zwischen zwei Großmächten sich zum Weltkrieg auswachsen musste, und jeder halbwegs intelligente Laie konnte sich auch ausmalen, welch namenlose Schrecken ein solcher Krieg über Europa bringen würde. Man hielt es deshalb einfach für unmöglich, dass in dem Gehirn zivilisierter Menschen ein so alles menschliche Maß übersteigendes Verbrechen ausgeheckt werden könnte. Hätten das deutsche Publikum und die deutschen Politiker die systematische Kriegshetze unsrer Alldeutschen aufmerksamer verfolgt und die unverkennbaren Zeichen der Zeit zu deuten verstanden, sie hätten das furchtbare Verhängnis vorausgesehen, wie Kurt Eisner, und hätten es vielleicht damals noch abzuwenden vermocht.

Als deshalb das Ungeheuerliche Ereignis wurde, als wegen der wahnsinnigen Theorie des deutschen Militarismus, dass der tierische Kampf ums Dasein, der Kampf um den Nahrungsspielraum auch für das Völkerleben ehernes und unerbittliches Naturgesetz sei, die Ermordung des serbischen Thronfolgers zum gierig ergriffenen Vorwand genommen wurde, um den Kampf um die Weltherrschaft zum Austrag zu bringen und Europa in einem Ozean von Blut und Gräueln zu ersäufen, da war Eisner – nach anfänglichem kurzen Irren – der ersten einer, die die grauenhaften Zusammenhänge dieses abgründigsten aller Verbrechen erkannten und das deutsche Volk dazu aufriefen, **durch Lösung von den Schuldigen die Ehre und die Zukunft der Nation zu retten.**

Dass Eisner auch nur wochenlang der sofort schamlos und raffiniert einsetzenden Kriegslüge erlag – der Direktor des Ullsteinverlags hatte ja damals für seinen Redaktionsstab die perverse Losung ausgegeben: „Ein Schuft, wer jetzt nicht lügt" – lag an seinem Glauben an die Menschheit. Seine Menschengüte, sein Verstand und seine von Lichtem, Schöpferischem erfüllte Phantasie konnten es einfach nicht fassen, dass Menschenhirne so rettungslos der Dämonie eines brutalen, geistlosen, finstern Zerstörungswahnes verfallen sein könnten. Zu gern klammerte er sich deshalb an die von der bayrischen Regierung schon seit Jahr und Tag verbreitete Legende, dass Russland längst auf der Lauer gelegen und heimlich alle Kriegsvorbereitungen getroffen habe, dass es zum Zuschlagen unerbittlich entschlossen gewesen, Deutschland also das Schwert in die widerstrebende Faust gezwungen worden sei. So glaubte Eisner in den ersten Tagen an den Verteidigungskrieg, der, nach der Erklärung selbst eines Jean Jaurès, auch den internationalen Sozialisten die Vaterlandsverteidigung zur Pflicht mache, so billigte er damals die Bewilligung der Kriegskredite. Aber sein unbestechlicher Wahrheitsdrang trieb ihn zum kritischen Studium des deutschen Weißbuches und der diplomatischen Aktenstücke der Gegner, zur Nachprüfung und Abwägung des Für und Wider. Und da konnte ihm nicht verborgen bleiben, dass die Erzählung von dem Verteidigungskrieg eine freche Fälschung war, dass es sich nicht einmal um einen · Präventivkrieg handelte, sondern dass die Kriegserklärung aus dem Geiste Bernhardis, Reims, Lieberts, aus dem Geiste der alldeutschen Raubtiermoral heraus geschehen war, **die ja den Krieg seit Jahren als eine germanische Tugend, als eine biologische Notwendigkeit, als ein nationales Verjüngungsbad verherrlicht und herbeigesehnt hatte!**

Auch das gereicht Eisner zur Ehre, dass er seine neue, bessere Erkenntnis nicht „weltklug" verschwieg, sondern sich alsbald aufrichtig zu ihr bekannte. Auch andere haben ja „umgelernt" und sich ihrer Wandlung gar noch als einer Tugend gerühmt. Nun. zwischen dem Umlernen Eisners und dem der deutschen Kriegssozialisten bestand nur ein zarter Unterschied. Die Bekehrung der roten Internationalisten zur Kriegspolitik Falkenhayns und Hindenburgs, Bethmanns und Hertlings brachte das Lob der ganzen deutschen Presse, freundschaftliche Händedrücke im Parlament und in der Öffentlichkeit, brachte die dankbare Anerkennung von Zivil- und Militärbehörden, brachte Ehrungen, Reklamationen und gesicherte Einkünfte. Das Bekenntnis Eisners dagegen zur Wahrheit und Gerechtigkeit brachte nur Verfolgung und Anfeindung, brachte Ächtung und materielle Schädigung, brachte Kerker und zuletzt die Mordkugel eines verhetzten Toren.

***

Sobald Eisner die furchtbare Schuld der deutschen Regierung erkannt hatte, empfing er auch tiefstes Verständnis für die maßlose Erbitterung, die dieser Krieg in allen zivilisierten Ländern des Erdballs gegen Deutschland erregen musste, ihm ward die erschreckende Klarheit. dass dieses unfassbare Verbrechen gegen die Menschheit die ganze Menschheit zum Bunde gegen den Bund der Friedensbrecher einen musste. Unsagbar kindisch erschienen ihm die Siegesillusionen der deutschen Generäle, die Welteroberungsträume der irregeleiteten Soldaten und des betrogenen Philistertums, dem sich auch so mancher Sozialdemokrat gesellte. Eisner fühlte es, dass an der Empörung der ganzen Welt alle Überlegenheit der bis ins kleinste durchgebildeten deutschen Kriegsmaschinerie zuschanden werden musste. **Ungeheuer langwierig, ungeheuer blutig musste dieser Krieg werden und schließlich mit dem Zusammenbruch Deutschlands enden, vielleicht mit dem Zusammenbruch der ganzen europäischen Kultur.** Und diesen Zusammenbruch verhinderte man nicht dadurch, dass sich die deutsche Sozialdemokratie mit den Schuldigen solidarisierte, sich aus falsch erfasster, irregeleiteter Vaterlandsliebe für die Verbrechen ihrer Herrscherkaste opferte – im Gegenteil, man machte ihn durch solches Märtyrertum der Massen (nicht der Führer, die ja nur politische Kriegsgewinnler waren) nur unentrinnbarer. Denn das schmähliche Versagen auch der deutschen Sozialdemokratie, die sich zum Mitschuldigen des deutschen Imperialismus erniedrigte, musste Deutschland vollends um jede Sympathie bringen. Es musste nun auch die sozialistischen Parteien der Ententeländer in eine feste Koalition mit dem Bürgertum treiben, damit die letzten Bande der proletarischen Internationale zerreißen und den Krieg zur unversöhnlichsten Kraftprobe, zum Kampf bis zum bitteren Ende steigern. Bei dem schließlichen Zusammenbruch Deutschlands, den so die kurzsichtige und verbrecherische Taktik der deutschen Sozialdemokratie mitverschuldete, würde dann das missleitete deutsche Proletariat die Zeche zu zahlen haben.

Demgegenüber sah Eisner die Pflicht des ehr- und kraftbewussten deutschen Sozialismus klar vorgezeichnet. Die Partei musste der Wahrheit die Ehre geben, sich-dem Wüten des deutschen Militarismus entgegenstemmten und die schuldige Regierung niederringen. Die Niederlage blieb dann auf die Schuldigen beschränkt, und das von der Lüge und der Gewalt befreite Volk durfte hoffen. von den anderen Völkern als entsühnt in den Bund der freien und den Krieg verfehmenden Nationen aufgenommen zu werden.

Eisner und seine Gesinnungsgenossen drangen mit ihrem Appell an die Pflicht, die Ehre und die Vernunft der Partei nicht durch. Die sozialistische Mehrheit verbündete sich auf Gedeih und Verderb dem deutschen Militarismus. Sie entschuldigte und beschönigte alle Taten der Generäle, alle Reden und Handlungen der Kanzler. Sie unterschlug dem Volke alle Wahrheiten und fütterte es mit allen amtlichen Lügen, bis aller Lug und Trug die Tatsache des rettungslosen Debakels nicht länger zu verdecken vermochte. Bis die Front zusammenbrach, die Millionenarmee sich heimwärts wälzte, bis die Revolution auf dem Hohenzollernschlosse die rote Fahne hisste. Da endlich verwandelten sich mit verblüffendster Taschenspielergeschwindigkeit die schwarzweißen Kriegspatrioten wieder in Revolutionäre, Republikaner und kriegsgegnerische Internationalisten. Da plötzlich überraschten sie die Welt mit ihrem Abscheu vor aller Gewaltpolitik. Mit ihrer Begeisterung für das Rechtsprinzip, für den Völkerbund und nationales Selbstbestimmungsrecht.

Als nun aber die Ententeregierungen zu erkennen gaben, dass das Bekenntnis zu diesen schönen Grundsätzen **zu spät** komme, da wandte sich unsre mehrheitssozialistische Regierung durch den Mund der Herren Erzberger, Solf und Brockdorff-Rantzau in flammenden Protesten an das „Gewissen der Welt!"

***

Auch vor dem Internationalen Sozialistenkongress in Bern wiederholten die drei Vertreter der deutschen Mehrheitssozialisten ihre entrüsteten Anklagen gegen die brutale Rücksichtslosigkeit der Gegner, die, nicht zufrieden mit dem Sturz der alten deutschen Regierung, nun auch noch das unschuldige deutsche Volk für die Sünden der gestürzten Regierung büßen lassen wollten. Aber mit dieser naiven Entrüstung begegnete die Mehrheitsdelegation bei den Sozialisten der Entente und des neutralen Auslandes nur finsteren Mienen und verschlossenen Herzen. Zu genau entsann man sich noch aller Missetaten und Unterlassungssünden der Mehrheitssozialisten. Wo waren sie denn **während des Krieges** geblieben, als es gegen ungeheuerste Kriegsbarbareien aufzutreten galt: **gegen die belgischen Gräuel,** gegen die **Verschleppung und „Versklavung" der belgischen Zivilbevölkerung,** gegen das **Luftbombardement gegen friedliche Städte,** gegen den **unerlaubten Völkerrechtsbruch des schonungslosen U-Bootkrieges,** gegen die **Ausrottung von Millionen Armeniern,** gegen **die Zurückbehaltung der russischen Kriegsgefangenen?** So wirkte die Entrüstung der deutschen Regierungssozialisten auf die Sozialisten-des Auslandes wie **unerträgliche Heuchelei,** und unversöhnlich drohten sie die ausgestreckte Hand der Abgesandten der Scheidemänner zurückzustoßen, als **Eisner** sich in einer Rede voll edlen Wahrheitsmutes und zugleich voll hochherziger Versöhnlichkeit der mehrheitssozialistischen Delegation und des deutschen Volkes annahm, derselben Rede, deren wesentlichsten Inhalt wir auf den folgenden Seiten wiedergeben. Und das hinreißende Ethos dieser Rede machte wieder gut, was die klägliche Rechthaberei der Mehrheitssozialisten verdorben hatte: es entrunzelte die Stirnen der französischen und englischen Sozialisten, **es gab ihnen wieder Zutrauen zum deutschen Proletariate, zum deutschen Volke,** es verknüpfte wieder die Bande des internationalen Zusammengehörigkeitsgefühls, die die Verstocktheit der Sendboten Scheidemanns und Eberts endgültig zu zerreißen gedroht hatte.

Um dieses Wunder zu wirken, musste Eisner freilich das kümmerliche Truggebäude unnachsichtig in Trümmer schlagen, das die Wels und Hermann Müller in Bern zur vermeintlichen Rechtfertigung der deutschen Mehrheitstaktik aufgebaut hatten. Er musste die Politik der **Führer** schonungslos preisgeben, um für die **irregeleitete Masse des deutschen Volkes** erfolgreich um Nachsicht und Milde zu werben. Denn wahrhaftig: die einzige Entschuldigung für das deutsche Volk selber ist, dass es all die Jahre hindurch nicht zum Bewusstsein dessen gelangte, wozu es sich von seinen Machthabern und leider auch seinen eignen selbstgewählten Führern missbrauchen ließ. Und Eisner wies so überzeugend die Schuld der Verführer nach, sprach **so warmen Tones, so überzeugt, so unverwüstlich menschheitsgläubig für die innere Lauterkeit und moralische Unversehrtheit des deutschen Volkskerns**, dass die Verbitterung der Entente-Sozialisten in der gleichen freudigen Rührung und gläubigen Begeisterung dahinschmolz, und sie **mit der feierlichen Verpflichtung auf den Rechtsfrieden** das Gelöbnis auf die völkerverbrüdernde sozialistische Internationale erneuerten.

Und was war der Dank der wahnsinnig verblendeten deutschen Afterpatrioten für die erlösende Tat Eisners, der die **ganze neutrale Auslandspresse, notorisch deutschfreundliche Schweizer Blätter voran,** das Zeugnis gab, dass sie, und **sie allein,** den Groll der Entente-Sozialisten beschwichtigt und sie besonders auch **zum Eintreten für die deutschen Kriegsgefangenen** bewegen habe? Neue schamlose Verlästerung, rüde Beschimpfungen, die sich bis zu Drohungen steigerten! Und was war der Dank der deutschen Mehrheitssozialisten dafür, dass Eisner ihre Mitschuld mit fast allzu verzeihender Milde gemindert und – fast bis über die Grenze des Zulässigen hinaus – aus ihrer eigenen Irreführung erklärt hatte? Eine Neuauflage der alten üblen Invektiven des Vorwärts und der Mehrheitspresse, die frivole Verleumdung, Eisner habe das Los der kriegsgefangenen Volksgenossen (**um die er sich gerade ein so hohes Verdienst erworben!**) rücksichtslos preisgegeben, er habe eitler Selbstgefälligkeit gefrönt und verdiene höchstens als Poet und politischer Dilettant ein nachsichtiges Mitleid!

Und unter dem Eindruck dieser bodenlos frivolen und unbegreiflich **dummen** Hetze unternahmen fanatisierte Wirrköpfe in München die reaktionären Putsche, schrieb man Eisner wilde Drohbriefe, fielen die tödlichen Schüsse auf den deutschen Sozialisten, **der Deutschtum und Sozialismus vor dem ausländischen Sozialismus und der internationalen Kulturgemeinde wieder zu Ehren gebracht hatte!**

Sollte es von tragischer Vorbedeutung sein, dass gerade der Mann sinnloser Gewalttat zum Opfer fiel, der als bester Vertreter der neuen kulturellen Menschheit den unversöhnlichsten Krieg **gegen jede Gewalttätigkeit** geführt hat? Soll Deutschland vollends den **Mächten des Irrsinns und der Brutalität** verfallen sein? Möge die Stimme des **toten Eisner** sich im Chorus der Lüge und Raserei Gehör verschaffen, bevor es zu spät ist!

28. Februar 1919. Heinrich Ströbel.

Die Worte, die unsere französischen Freunde hier gesprochen, mögen vielleicht manchen streng geklungen haben, aber ich glaube, diejenigen, die feinere Ohren haben, haben aus ihren Anklagen mehr Klagen gehört, und vor allen Dingen klang aus ihnen, darin glaube ich mich nicht zu täuschen, das tiefste Bedürfnis, dass aus dieser ersten Zusammenkunft der Internationale der Anfang des neuen Völkerbundes hervorgeben möchte. Ich habe die feste Zuversicht, dass diese erste Aussprache der bisher Getrennten nicht ohne Erfolg sein wird. Niemand von uns, glaube ich, hat einen so festen und sicheren Drang, dass wir uns verständigen, als diejenigen, die zuerst verlangten, dass **Klarheit** und **Wahrheit** sein müssen.

Ich stimme meinem Freunde Thomas zu, dass die Internationale ein wesenloses Werkzeug, ein neuer Trug wäre, wenn sie nicht beruhte auf dem sicheren gegenseitigen **Vertrauen**. Deshalb können und wollen wir Deutschen dieser Aussprache nicht ausweichen. Wir brauchen die neue Internationale, denn der Sozialismus pocht an die Türe, nicht mehr als Programm einer fernen Zukunft, sondern als unmittelbare Aktien. In diesem weltgeschichtlichen Augenblick müssen die Sozialisten einig sein. Sie müssen sich klar sein über das, was wir wollen, wohin wir gehen, mit welchen Mitteln wir zu dem Ziele kommen wollen. Wenn diese Einigkeit nicht möglich ist – ich lege weniger Gewicht auf die formale Einigkeit, als auf die sachliche Einheit der Gedanken und des Willens –

dann ist unsere Internationale verloren, dann **diktiert** man uns vielleicht den Völkerbund, aber nicht **wir** sind es, die ihn **schaffen.**

Die Aussprache, die wir hier als Eingang unserer Verhandlungen pflegen, sie sollte vor allem eines erreichen. Wir müssen uns herausdenken, wir müssen uns **herausheben aus dem Wahnsinn und aus der Lüge dieser Zeit.** Nur wenn wir uns so ganz herausgedacht und herausgehoben haben, ist es für uns möglich, zum neuen Aufbau zu schreiten.

Parteigenossen, es wird mir nicht leicht, heute zu sprechen. Ich gehöre einem besiegten Volke an, und so sehr ich vor einigen Jahren bereit gewesen wäre, die schärfsten und schroffsten Anklagen zu erheben, so sehr widerstrebt es mir, heute nach dem Zusammenbruch die billige Arbeit zu leisten, Steine zu werfen auf das, was bereits tot ist. Aber noch aus einem anderen Grunde widerstrebt es mir und wird es mir schwer, heute über diese Dinge zu sprechen. Ich bin im Innersten überzeugt, dass das deutsche Volk eine **einheitliche** Sozialdemokratie braucht. Es war mein erstes Wort, das ich in der Revolutionsnacht vom 7. auf 8. November sprach, dass nun, nachdem das alte System gestürzt, es Aufgabe der Massen in Deutschland sei, einig zu sein. Wie ich vorhin als die Vorbedingung unserer neuen Internationale die Einigkeit der Völker untereinander forderte, so ist eine Voraussetzung, für uns in Deutschland – wenn wir nicht in Zuckungen den Entbehrungen dieser Jahre erliegen sollen, wenn wir unsern Beitrag zum Aufbau des Sozialismus geben wollen und sollen –, dass wir einig sind. Wieder lege ich keinen Wert auf die Einigkeit in der **Organisation,** wo vielleicht Hirn und Herz auseinanderstreben, sondern wir brauchen die **innere geistige Einigkeit.** Und wenn ich einen Ehrgeiz hätte, so den, da wir Deutschen unsere schwere Schuld für alle mitzutragen haben, dass wir sie dadurch sühnen, dass wir **auf dem Wege zum Sozialismus vorantreten,** klar, besonnen, sicher unsere Ziele und sicher unsern Weg verfolgen. Darin können wir nur gewinnen, wenn wir diese innere sachliche Einigkeit erringen.

Und nun will ich Anklage erheben gegen diejenigen, mit denen wir vor dem Kriege Schulter an Schulter kämpften. Ich glaube, Parteigenossen, Sie im Auslande haben die große Umwälzung, die in Deutschland stattgefunden, nicht recht erfasst.

Die Kapitalisten und Imperialisten der Entente haben unsere Revolution gar nur eine neue ekelhafte Form von Camouflage genannt. Das ist nicht wahr. Wer heute in Deutschland lebt, der weiß, dass die Massen im Tiefsten umgewühlt sind, dass nirgends der Drang nach Demokratie so stark und lebendig ist wie bei uns, und nirgends stärker der Wille und die Sehnsucht, die neue Volksherrschaft in sozialistischem Geiste zu realisieren. Dieser Auffassung der Dinge in Deutschland widerspricht auch nicht die vielleicht überraschende Erscheinung, dass den größten Wahlerfolg bei den letzten Wahlen für die einzelnen Nationalversammlungen die Richtung der Sozialdemokratie gehabt hat, die die Kriegspolitik der gestürzten Regierungen wenn nicht gefördert, so doch, um ganz zurückhaltend zu sprechen, mindestens nicht gebrochen hat. Die 10-12 Millionen deutscher Wähler. die für die Mehrheit der Partei gestimmt haben, haben sie die Politik der Mehrheitspartei bestätigt? Wenn dem so wäre, dann würden **die**

Recht haben, die behaupten, es habe sich in Deutschland **nichts** geändert. Aber wer wie ich in die Wahlagitation gegangen ist und gerade in jenen Gegenden gesprochen hat, in denen bisher von Sozialismus keine Rede war, der weiß, dass die Massen aus ganz anderen Motiven so gewählt haben, wie sie es taten. Sie haben nicht **Führer** gewählt, sie haben **Sozialdemokraten** gewählt, sie haben die **Einigkeit** der Partei gewählt, und weil es ihnen schien, als ob die dem Namen nach unveränderte Sozialdemokratie die Einheit darstelle, haben sie die **Mehrheit** gewählt. Aber in diesen Mehrheitwählern verwirklichte sich die **schärfste und schroffste Opposition gegen die Kriegspolitik,** denn der Erfolg der Sozialdemokratie wurde dadurch erzielt, dass die Agitatoren der Sozialdemokratie in den Wahlkampf gingen **mit Anklagen gegen das alte gestürzte System.**

So, Parteigenossen, erklärt sich die nicht ganz leicht zu verstehende Erscheinung. Draußen auf dem Lande, da bekümmerte man sich nicht um den Streit der Richtungen, aber man wollte die Stimme erheben gegen das, was geschehen war, **gegen die Regierungen und Fürsten, gegen die Kriegspolitik,** gegen die Kriegsschuldigen, und deshalb wählte man, ohne viel darüber nachzudenken. welche Richtung der Sozialdemokratie, **sozialdemokratisch.**

Für die Richtigkeit meiner Behauptungen kann ich ihnen einen Beweis geben. Mir selbst ist es begegnet, dass in einem bisher klerikalen Wahlbezirk die Parteigenossen, die auf der äußersten Linken standen und geneigt waren, sich Spartakisten zu nennen, bei den Landtagswahlen in Bayern die Mehrheit wählten und bei den Wahlen für die Nationalversammlung die Minderheit, die Unabhängigen. Sie handelten so, weil sie sich sagten: wir wollen alle die **Einheit** der Partei, und deswegen kümmern wir uns nicht um die Zerreißung der Organisation und wählen binnen 8 Tagen heute die eine Richtung und nach acht Tagen die andere, um gerecht zu sein.

Aber, Parteigenossen, Sie haben die Rede von Wels gehört, und nun werden Sie mich einen Optimisten nennen, denn die Rede des Parteigenossen Wels schien **allerdings völlig alten Geistes.** Ich weiß nicht, ob Wels mit dieser Rede in die Wahlagitation gegangen ist. Bei uns in Bayern hätte er damit sicher keinen Erfolg gehabt. Ich muss bekennen, dass die Ausführungen von Wels ihren Zweck nicht erfüllt haben. Was wollte er uns mitteilen? Welche Absichten verfolgte er? Wollte er uns erklären, warum die deutschen Parteigenossen sich im August 1914 gewehrt haben? Das würde ich verstehen. Es haben sich viele geirrt, vielleicht alle, aber guten Glaubens. Wollte er uns nur das sagen, oder wollte er sagen: das – die Beweisführung schien beinahe darauf hinzudeuten – im Gründe die Politik der Mehrheit **richtig** war, dass die deutsche Regierung nicht besonders verantwortlich war? Was hatten alle seine Zitate und Beweise für einen Zweck, wenn er das nicht sagen wollte? Aber, Parteigenessen, wenn er diesen Beweis heute führen wollte, **welches moralische Recht hatte dann die revolutionäre Erhebung gegen das alte System?** Dann sähe es ja beinahe so aus, als ob die Revolution nichts anderes gewesen wäre, als eine neue Form des Krieges. Als die Herrschenden in Deutschland die Starken waren und als die kommenden Sieger erschienen, da ging

man im Kriege **mit** ihnen, und als sie die Schwäche-
ren waren, als sie zusammenbrachen, da versetzte
man ihnen den Todesstoß, da **verließ** man sie. Dann
wäre doch die logische Konsequenz, dass man nicht
aus moralischer Empörung das herrschende System
in Deutschland gestürzt hätte, sondern nur die gute
Gelegenheit wahrgenommen hätte, als die Herrschenden sich als ohnmächtig und schwach erwie-
sen. Was wollte also Genosse Wels? Er wollte Ihnen
hoffentlich nur erklären, warum wir in Deutschland
diesem Irrtum unserer Politik verfallen waren. Dieser „Kampf gegen den Zarismus", der uns am Anfang
des August 1914 gepredigt wurde, **hat viele von uns
verwirrt.** Die deutsche Regierung von damals hatte
ihre Netze geschickt genug ausgespannt. Bei uns in
Bayern verkündete uns die Regierung in vertrauli-
chen Besprechungen seit dem November 1912 den
drohenden Überfall durch Russland!

Und als im Sommer 1914 die Ereignisse sich
zusammenballten, als ich anfangs der Woche, an
deren Ende die Mobilmachung erfolgte, in München
in einer Protestversammlung sprach, da war auch ich
ganz von dem Gedanken erfüllt, dass uns ein Überfall
durch den zaristischen Imperialismus drohe.

Damals rief ich unsere französischen Freunde –
acht Tage vor dem Kriege – auf in der Annahme, dass
uns unsere Regierung diesmal nicht belogen habe,
uns zu helfen gegen den Einbruch der Barbarei von
Osten. Wir standen ganz unter der Suggestion des
zaristischen Angriffs, und ich teile ganz die Auffassung, die gestern Freund Renaudel ausgesprochen
hat, dass es die Aufgabe der Sozialdemokratie jedes
Landes sei, sich gegen den **Angriff zu wehren** und **die**

Regierung zu stürzen, die den **Angriff vorbereitet.**
Darüber waren wir bisher auf allen internationalen Kongressen einig.

Ich erinnere mich an Jaurès Ausführungen in Stuttgart. Jaurès hat damals auch das **Kriterium** angegeben, nach dem man sofort und sogleich **entscheiden** könnte, **wer** der **Angegriffene** sei und **wer** der **Angreifer.** Er sagte, wer in der Vorbereitung eines Krieges während der katastrophalen Zeiten vor der Katastrophe **das Angebot eines Schiedsgerichtes ablehnt,** der steht vor der Geschichte als **schuldig** und als **Angreifer** da.

Parteigenossen, ich sagte Ihnen, um Ihnen zu erklären, und damit Sie auch dem deutschen Volke Gerechtigkeit widerfahren lassen: damals im August, da konnten viele, vielleicht alle, im Irrtum sein, und wenn trotzdem schon damals einige wenige gegen die Bewilligung der Kriegskredite sprachen, so liegt die Beurteilung der Schuld in rein grundsätzlichen Erwägungen. Sie wollten zum Teil unter allen Umständen, gleichgültig, wie der Krieg ,gelagert war, gegen die Kriegskredite stimmen.

Parteigenossen! Ich war nicht in Berlin beim Ausbruche des Krieges, aber als ich das **erste deutsche Weißbuch las,** da war ich mir schon **beinahe klar,** dass wir **getäuscht** worden waren, und nach wenigen Wochen war ich mir über Ursache, Schuld und Verantwortlichkeit dieses Krieges nicht mehr in Zweifel. Ich glaube, es gibt keinen Krieg der Weltgeschichte wie gerade diesen letzten und furchtbarsten, in dem schon während der Kriegshandlungen die **volle geschichtliche Klarheit** über den Krieg jeder erkennen konnte, der sie erkennen **wollte.**

Aber Genosse Wels scheint heute noch anzunehmen: Nun ja, überall herrscht Kapitalismus. Darin berühren sich ja unsere Mehrheitler mit den Erklärungen der Bolschewisten, dass der **Kapitalismus** diesen Krieg gemacht habe, dass hüben wie drüben Schuldige und Verantwortliche und Mitschuldige seien, dass wir eigentlich alle zusammen Sünder seien – also reichen wir uns die blutbefleckten Hände, als wäre gar nichts geschehen! **Mit dieser Auffassung habe ich nichts gemein!** Ich halte es für unmöglich, dass wir ohne klare Erkenntnis dessen, was war, ohne noch einmal festen, unbeirrbaren Auges zurückzublicken, vorwärts kommen.

Parteigenossen! Jene merkwürdigen Ausführungen von Wels, die darauf hindeuten, als ob alle schuldig seien. Franzosen, Engländer, Amerikaner und Italiener, weil überall der Kapitalismus herrscht, und dass wir vielleicht, bedroht durch den Zarismus, noch die unschuldigsten seien von allen, lehne ich ab! Ich glaube, dass diese Auffassung von Wels noch weit zurücksteht hinter der Auffassung unserer Bürgerlichen in Deutschland. Ich habe während der letzten Wochen oft mit Bürgerlichen über die Schuldfrage gestritten, seit ich aus dem Gefängnis in Urlaub war, und was sagten sie mir immer? Sie leugneten nicht mehr die deutsche Kriegsschuld, aber sie erklärten, ja, was können wir denn dafür, dass wir 4½ Jahre lang angelogen worden sind? Das sagten selbst die Bürgerlichen in allen Schichten, und niemand war mehr unklar darüber, wie dieser Krieg über uns kam, und die Bürgerlichen wollten lieber als Einfaltspinsel und Schwachsinnige erscheinen, als vor den Wählern die Verantwortung übernehmen, dass sie sehenden Auges die Kriegspolitik im vollen Bewusstsein ihres Wesens unterstützt hätten.

Ich glaube, unsere Parteigenossen von der Mehrheit waren **nicht gut beraten**, als sie sich entschlossen, jene alten Reden zu wiederholen, die wir im 2. oder 3. Kriegsjahr gehört haben, als sie ihre Kriegspolitik verteidigten.

Dass sie 12 Millionen Wähler hinter sich haben, das beweist nichts für ihre Politik. **Die Wahrheit ist kein Multiplikationsexempel.** Ich wünsche nicht, dass unsere Parteigenossen von der Mehrheit unter dem Zwange der Verhältnisse, unter dem Drucke der Niederlage, unter den Forderungen dieser Stunde widerwillig sich zu einem Zugeständnis bewegen lassen sollen. Die Sache ist zu ernst und zu heilig, als dass sich in diesem Augenblicke jemand widerwillig einem **Zwange** fügen sollte.

Sie sollen nicht als Büßer hier erscheinen, das wünschen wir nicht, denn das wäre keine Reinigung unserer Sache; aber sie sollten sich, und darum bitte ich sie, überlegen, ob sie nicht wirklich 4½ Jahre in einem Taumel der Irrungen befangen gewesen seien. Denn so glaube ich, war es, und das erklärt vielleicht ihre Haltung. Nachdem sie die ersten falschen Schritte getan, konnten sie nicht mehr zurück, und sie fürchteten sich, wenn sie doch umkehren würden, wenn sie in der schwierigen Lage Deutschlands in die Opposition gingen, dann würde das deutsche Volk, irre geworden an seiner guten Sache, zusammenbrechen. Vielleicht erklärt diese wohlwollende Deutung ihren Irrtum. Aber nun haben doch auch sie erkannt, **dass man keine Welteroberungspolitik auf einer Lüge,** auf einer **Täuschung** aufbauen kann. Sie haben erkannt, dass sie, wenn sie nicht getäuscht worden wären über das Wesen dieses Krieges, so doch sicher betrogen worden sind über seine Aussichten. Das Opfer ihrer internationalen Gesinnung, das sie gebracht haben, und das sie vielleicht in guter Absicht gebracht haben, war umsonst! Ja noch mehr! Sie haben durch ihre Haltung noch im Zusammenbruch Deutschlands zu Ungunsten des deutschen Volkes gewirkt. **Sie haben den moralischen Kredit des deutschen Volkes untergraben.** Ich sagte schon im Herbst 1914, als ich in Berlin eine allgemeine Kriegsbesessenheit vorfand: wir wollen heute nicht entscheiden über das Wesen dieses Krieges, aber die Aufgabe der deutschen Sozialdemokratie ist, wie immer die Lose des Krieges falten mögen, im Augenblick der Entscheidung fähig zu sein – wenn Deutschland fällt – moralisch zugunsten Deutschlands zu wirken. Und diese stärkste Rüstung Deutschlands und des deutschen Volkes, die haben Sie uns genommen! Ich mag nicht eingehen auf die Einzelheiten der Vergangenheit. Es steht heute fest, **dass dieser Krieg von einen kleinen Horde preußisch-wahnsinniger Militärs in Deutschland,** die verbündet waren mit Schwerindustriellen und Weltpolitikern, Kapitalisten und Fürsten, **gemacht worden ist,** und zwar **ohne jede politische Voraussicht** und **ohne jede militärische Einsicht.** Das Rätsel dieses Weltkrieges löst sich, wenn man die Seele und die Gehirne unserer leitenden deutschen Militärs kennt. Warum taumelten sie denn in den Krieg wie in ein Abenteuer? Weil sie so fest überzeugt waren von dem raschen Siege Deutschlands, dass sie es gar nicht für nötig hielten, politische und militärische Voraussicht zu bewahren.

Parteigenossen! Woher kam es denn, dass ich als einer der ersten dieses Verbrechen erkannte, das mit dem deutschen Volke, an dem deutschen Volke und an der Welt begangen war? Weil ich die deutsche Militärliteratur studiert hatte. Sie verstehen diesen Krieg nicht, wenn Sie nicht **die ungeheure Gewissenlosigkeit militaristischer Besessenheit** kennen. Lesen Sie heute jene wissenschaftlichen Leistungen unserer deutschen Militärs, die vor dem Kriege erschienen, damals, als der Krieg als Bestes, als Stahlbad, als Jungbrunnen für die versinkende Menschheit gehalten wurde, und als einziges Mittel, um der aufstrebenden Flut der Sozialdemokratie Herr zu werden. **Das haben sie alle offen ausgesprochen!** Wenn eines der geistigen Oberhäupter der deutschen Soldateska, einer der Wortführer der Generäle, kurze Zeit vor dem Kriege in einem dicken Buche mit mathematischer Sicherheit nachgewiesen hat, dass ein deutscher Weltkrieg von Österreich und Deutschland auf der einen und England, Frankreich und Italien auf der anderen Seite – Italien war schon damals in den Berechnungen unserer Generäle auf der anderen Seite – in 13 Tagen entschieden sein würde, so dass nach dieser Zeit kein englisches Schiff mehr auf dem Weltmeere und keine französische Armee mehr vorhanden wäre, die nicht gefangen wäre, dann begreifen Sie, warum wir so besinnungslos in dieses Weltabenteuer, das grässlichste der Weltgeschichte, getaumelt waren.

Wir waren im Irrtum am **Anfang** des Krieges, wir durften **es nach 14 Tagen nicht mehr sein.** Welches wäre unsere Aufgabe gewesen? Wir wussten, dass, wenn der Krieg einmal da ist, der einzelne Soldat ja keine Wahl hat; aber die Aufgabe der Sozialdemokratie lag auf **politischem** Gebiete. **Sie musste die deutsche Regierung stürzen, die politische Macht erobern und Frieden schließen.** Das wäre die Aufgabe der deutschen Sozialdemokratie gewesen! Dann hätten wir die Hände hinüberreichen können über die Grenze. Es war der sonderbarste Irrtum unserer Freunde von der Mehrheit und verrät einen unbegreiflichen Mangel an Psychologie, dass man erst Krieg führen, erst durch Blut waten, erst alle Schrecken der deutschen terroristischen Kriegsführung mitmachen muss, um sich dann die Hände freundschaftlich zu reichen mit den Worten: Nun ist es genug, nun wollen wir Frieden machen. Nein, die **Voraussetzung** aller Friedensarbeit während des Krieges in Deutschland war der **Sturz des schuldigen Systems**. Unsere Revolution ist nicht, wie man gesagt hat, zu früh gekommen, sondern sie kam um 4½ Jahre zu spät. Wäre sie damals, im Herbst 1914, gekommen, dann wäre es heute um Deutschland **besser** bestellt und die Welt würde die deutsche Sozialdemokratie **segnen,** während sie heute in der deutschen Revolution nur den **Ausbruch der Verzweiflung** erkennt, nicht aber das kühne Aufbäumen eines tapferen Volkes, das sich die Freiheit erkämpft. Wir Deutschen sind in einer traurigen Lage. Wir waren das Volk ohne Revolution, und jetzt, wo wir das revolutionärste Volk geworden sind, da glaubt man uns diese Revolution nicht. Man glaubt sie uns nicht durch unsere eigene Schuld.

Man hat mir vorgeworfen, dass wir, die wir darauf beharren, die Schuld Deutschlands festzustellen und zu beweisen, unser Volk verraten, dass wir die Gelüste der Imperialisten drüben verschärfen.

Als ich am Anfang meiner Regierung, wahrhaftig nicht auf eine Anregung Clemenceaus hin, sondern um das Auswärtige Amt in Berlin zu sprengen, aus meiner Aktenmappe jenes Dokument veröffentlichte, das nun **für jeden, der nicht ganz verhärtet ist in Lüge und Verblendung,** die direkte Schuld der deutschen Regierung nachwies, da war es der ehemalige Staatssekretär Solf, der sagte: Diese Veröffentlichung Eisners kostet Deutschland hundert Milliarden mehr! Genossen, Wahrheit muss sein und wenn wir zugrunde gehen. Aber ich glaube mich nicht zu irren: Die **Imperialisten drüben** verwenden heute die angebliche **Unbelehrbarkeit** des deutschen Volkes genauso als **Vorwand für ihre kapitalistischen Begierden,** wie das Schreckgespenst des Bolschewismus. **Sie fürchten die Wahrheit** ebenso sehr wie Herr Solf. Wir wollen aber nicht zu den **Imperialisten** von drüben reden, sondern zu unseren **dortigen Freunden,** und wir wollen vor allem **zu unserem eigenen Volke** sprechen; es soll die Wahrheit kennen lernen! 4½ Jahre hat man sich Tag für Tag, Nacht für Nacht anlügen lassen. So brach über das arme deutsche Volk das Unheil herein, noch ehe das Volk zur Besinnung kam. Niemals ist ein so frevelhaftes Spiel mit einem Volke getrieben worden, wie mit dem deutschen, diesem eminent politischen Volke, von dem ich nur hoffen möchte, dass jetzt – leider erst unter dem Druck seines eigenen Schicksals – **seine freiere und reinere Geschichte beginnt.**

Wenn nun aber die Dinge so liegen, warum denn heute noch die Legende aufrecht halten? Parteigenossen von der Mehrheit! **Sind Sie revolutionär oder sind Sie es nicht?** Wenn Sie es sind, dann gibt es für Sie keine heiligere Pflicht, als die Verbrechen des alten Systems zu züchtigen. Warum stemmen Sie sich dagegen? [Wels: Wir stemmen uns nicht dagegen] Sie verweisen darauf, dass die Fürsten und Regierungen ja davon gejagt seien. Gewiss, aber begründet haben Sie dieses Davonjagen merkwürdigerweise damit, Sie hätten eine **richtige Politik getrieben, indem Sie 4½ Jahre lang dieses verwerfliche System unterstützen.** Darin liegt ein **unlösbarer Widerspruch.** [Wels: Keineswegs.] Es ist ja gar nicht wahr, und das wissen Sie selbst so gut wie ich, dass Sie während der ganzen Zeit des Krieges diese Kriegspolitik der Regierung bekämpft hätten. Sie sind mitgegangen bis zuletzt! **Je nach der Kriegslage schwankte Ihre Gesinnung.** Es gab Zeiten, wo Sie hart an die Annexionisten gerieten. Herr Wels sieht mich erstaunt an. Der Parteigenosse Wels wird von mir hiermit gebeten, jenes **Protokoll** zu lesen, dass Mitte August 1915 angefertigt ist und das die **Verhandlungen des Parteivorstandes und des Parteiausschusses** wiedergibt. Ich ersuche den Genossen Wels, dieses Material vorzulegen. Sie haben es vielleicht mitgebracht. Es wäre wirklich sehr wünschenswert, wenn sie nach dem vielen Unnützen, das die Mehrheitspartei verbreitet hat, einmal das Reinigungswerk vollbrächte, indem sie dieses verstaubte Geheimprotokoll in die Öffentlichkeit bringen würde. Sie waren durch und durch verblendet, und ich glaube, die französischen Parteigenossen erweisen Ihnen und uns einen Dienst, wenn sie von Ihnen verlangen, eine solche Erklärung abzugeben. Niemand will Sie etwa demütigen, aber wir wollen **freie Hand und reine Gewissen,** um unsere Revolution weiter vorwärts zu treiben. So wenig man einen Krieg mit Lügen beendigen kann, **so wenig lässt sich auch eine Revolution durch Lügen aufbauen.**

Es ist eine Eigentümlichkeit der ganzen 4½ Jahre, dass wir unser Gedächtnis verloren haben. Das Abendblatt wusste ja nie, was im Morgenblatt gestanden hatte. [Wels: „Neue Münchener Zeitung""] Herr Wels, der gestern emphatisch dazwischen sprach, dass Scheidemann seinen Neujahrsgruß 1915 „Durchhalten bis zum Siege" nicht an seine Wähler geschickt hätte, sollte heute inzwischen sein Gedächtnis aufgefrischt haben. Aber es ist nicht nötig. Er steht auf jedem Blatte der 4½ Jahre geschrieben, und ich erinnere mich gut, wie ich noch im Frühjahr des vorigen Jahres, als die Kriegslage für Deutschland wieder günstiger schien, jene **brüske Ablehnung des Londoner Manifestes las,** und die deutliche Anspielung darauf, wie stark wir seien, und wie man damals die Friedensbedingungen, die man in London aussprach und die **für jeden Sozialdemokraten selbstverständlich** waren, als **phantastische Utopie** verhöhnte. So stand es im „Vorwärts". Ich saß damals in der Gefängniszelle und schäumte vor Wut, nicht etwa über die Unmoral, sondern über die **Dummheit** dieser Politik. Denn damals **musste** man schon sich klar sein darüber, wohin wir steuerten. **Sie, Genossen der Mehrheitssozialisten, haben mitgeholfen, Deutschland in den Abgrund zu hetzen.** [Sehr richtig!] Sie sind keine Patrioten, wenigstens keine hellsehenden Patrioten. Und wenn wir heute gänzlich allein ständen, wenn selbst das ganze deutsche Volk gegen uns wäre, so bekennen wir das offen. Soll ich Sie erinnern an jene **Resolution Scheidemanns über den U-Boot-**

krieg, Sie daran erinnern, wie schwächlich Sie gegen **Brest-Litowsk** sich verhielten, als man rundherum die Welt erobern wollte? Das alles scheint man vergessen zu haben. Sogar ein einfaches Nein für Brest-Litowsk fanden Sie nicht, aber bei Bukarest waren Sie dann stark genug, ein kräftiges Ja mitzusprechen. [Wels: So?] Gewiss, Genosse Wels! Und nun protestieren Sie. Sie entrollen **sentimentale Bilder vom deutschen Elend.** Wir leiden **ungeheuer schwer,** das ist **wahr.** Aber haben Sie heute eine moralische Berechtigung zu irgendeinem Protest? Sie waren es ja immer, die England der Hungerblockaden anklagten. Ganz gewiss: wir litten schwer und leiden noch heute unsäglich. Aber haben wir ein Recht zu protestieren? Dass im Kriege ein Land abgesperrt wird, ist ein in der Weltgeschichte anerkanntes **Recht**, ich möchte sagen geheiligtes Kriegsrecht. Und schließlich waren es doch wir **Deutsche**, die im Jahre 1870 die **Stadt Paris aushungerten!** Wer war es denn, der diese Hungerblockade völkerrechtlich forderte? Im Jahre 1907, Parteigenosse Wels, im Haag! Damals überraschten die **englischen** Delegierten die Welt mit dem Antrag, die **ganze Kontrebandepolitik sei aufzuheben**, und sie forderten Freiheit der Meere, auch im Kriege. Und wer war es, der gegen diesen Antrag stimmte? **Deutschland**! [Sehr richtig!] Und warum? Das haben die deutschen Delegierten damals nicht gesagt. Aber lesen Sie nur die **Militärfachblätter**, dann wissen Sie's: **weil bei einem Krieg zwischen England und Deutschland zwar England ausgehungert werden könnte, aber nicht Deutschland!** Deswegen haben wir schon 1907 im Haag, verblendet, gegen den englischen Antrag gestimmt.

Dürfen wir also heute wirklich protestieren? Nein. Belgien und Nordfrankreich zeugen wider uns! **Diese** durften protestieren gegen **uns**, ja, sie durften es im Jahre 1914, 1915, 1916, 1917 und 1918 bis Mitte September. Aber wir durften nach dem Zusammenbruch nicht anfangen zu protestieren. So haben wir es in der Sozialdemokratie bisher gehalten: dass wir **abrechnen** mit unseren **eigenen** schuldigen Persönlichkeiten, **unsern** Kriegspolitikern. Auf **diese** haben wir einen Einfluss, auf die anderen aber **nicht**. Aber haben wir nicht doch ein moralisches Recht, heute, nachdem wir unsere Könige und Kaiser davongejagt und ihre Regierungen gestürzt, die Demokratie aufgerichtet haben, um den Begriff des Sozialismus aufzurichten, hat da das Volk – nicht die Führer! – das Recht, an die gesamte Welt zu appellieren, dass der Völkermord beendigt werden soll, auf dass wir, alle Völker, gemeinsam am Aufbau der neuen Welt helfen? Haben wir nicht das Recht, zu fordern, dass man uns **heute zu leben gewährt**, uns **das Recht auf Freiheit** gewährt, und dass man uns **nicht zum Schuldsklaven fremder Kapitalisten erniedrigt?** Ich sprach davon, wie man uns angelogen hat. Man hat aber auch Sie, Genossen der anderen Länder, angelogen! **Von dem, was im deutschen Volke gärte** seit dem Augenblick, wo in immer weitern Kreisen klar wurde, welches Spiel man mit uns getrieben hat, **erfuhren auch Sie nichts.** Das deutsche Volk, die Masse der Namenlosen, hat in den Jahren des Krieges **mehr geopfert im Aufstand gegen den Krieg, als vielleicht irgendein anderes Volk.** Die Gefängnisse und Zuchthäuser waren voll von tapferen jungen Leuten, die sich gegen diese Kriegspolitik der deutschen Regierung auflehnten. Nichts aber von alledem drang ins Ausland! **Sie verbluteten alle stumm.** Ein Fetzen Papier, beschrieben mit einem Protest gegen den Krieg, kostete **Jahre Zuchthaus.** So wurde alles schließlich hingemäht, was sich auflehnte gegen den Krieg. Und doch war **diese Auflehnung** unser **bestes moralisches Recht!** Sie begann schon im Herbst 1914, also verhältnismäßig sehr früh, trotz Zensur und Diktatur. Und schon damals war die Zahl derer groß, die bereit waren, sich für diese Auflehnung zu opfern. Im Verlauf der folgenden Kriegsjahre herrschte bei uns sogar eine gewisse Unruhe, die sich nicht eher legte, als bis diese Menschen sich wirklich geopfert hatten. Es gab für uns alle in den letzten Jahren überhaupt keinen ruhigen Augenblick mehr. Wir waren verstreut hier und dort und konnten nicht mehr zusammenkommen, aber es gab doch **Tausende und Abertausende, die entschlossen waren, lieber zu sterben als mitschuldig zu werden an der Fortsetzung des Krieges,** an der verhängnisvollen Politik des deutschen Systems. Diese Leute hätten das Recht, zu protestieren. Ich wünsche nur, dass auch meine Freunde von der Mehrheit dieses Recht auch hätten! Sie haben nun hier, heute und morgen und in dieser ganzen Woche, noch die Möglichkeit, dieses Recht sich zu erringen!

Lassen Sie mich nur ein einziges Beispiel noch anführen. Sie kannten vor einem Jahre nicht den Sinn und die Tragweite unserer Streikbewegung in Deutschland. Wir wenigstens in München wollten schon im **Januar vor einem Jahre** die Revolution entfesseln, das alte System stürzen. Damals war die Revolution eine höhere Ehre als nachher. Denn damals stand Deutschland scheinbar auf der Höhe der Macht. Damals erhoben sich bei uns die Arbeitermassen (in Berlin auch!) zum Streik, nicht aus Hunger, nicht um des Brotes willen, nicht weil die Niederlage drohte, **sondern weil sie jene Märzoffensive und Brest-Litowsk verhindern wollten!** Die Arbeiter, die an diesem Streik teilnahmen, wurden an die Front geschickt, ihre Führer eingesperrt in die Zuchthäuser. Leider taten diejenigen – es muss gesagt werden –, die uns scheinbar bei diesem Streik unterstützten, im Gegenteil alles, um diese Bewegung zum Scheitern zu bringen. [Sehr richtig!] Ich habe es erlebt an meinem eigenen Leibe.

Parteigenossen! Ich wollte Ihnen das erzählen, um Ihnen zu sagen: **Die revolutionäre Gesinnung in Deutschland ist nicht das feige Werk des Zusammenbruchs,** sondern das Ergebnis einer im Stillen und Dunkeln unermüdlich vorwärtsdrängenden Arbeit, die gerade dann einsetzte, als Deutschland militärisch scheinbar das Übergewicht hatte. Für **unsere** Revolution in Bayern verbürge ich mich dafür, dass es eine **wirkliche** Revolution war, eine die Massen im tiefsten erschütternde Revolution, **geistig vorbereitet seit Jahr und Tag,** und dann zur Tat gebracht im richtigen Augenblick.

Wenn unsere Revolution trotz ihres großen Erfolges so menschlich verlief, so geschah das aus der Erwägung heraus, dass wir die fluchwürdige Methode der alten Zeit nicht hineinschleppen wollen in unsere neue befreiende Zeit. Das Verbrechen, das die alten Machthaber begangen haben, war so über alles menschliche Maß groß, dass nicht einmal der Schrei der Vergewaltigung, der Rache sie erreicht.

Das möchte ich auch Ihnen raten. Denken Sie, französische und englische Genossen, **nicht an Rache, an Vergewaltigung,** sondern lassen wir unsere eigenen Schuldigen **irgendwo im Verborgenen weiterleben!** Das ist eine viel schwerere Strafe für sie als irgendeine andere. Wir wollen uns gar nicht beflecken dadurch, dass wir diese Sünder richten. Wir sind selbst zu stolz, um ihre Richter zu sein. Selbst das muten wir uns nicht zu! Vielleicht ist das die neue Denkart. **Und nun helfen sie uns!** Wir sind heute das radikalste Reich der Welt. Wir sind eine Demokratie, die nicht nur formal besteht, sondern danach trachtet, das ganze Volk mittätig heranzuziehen, denn wir stehen an der Schwelle des sozialistischen Regimes.

Parteigenossen! Darin sind wir uns alle einig: Wir wollen unsere Schuld sühnen, indem wir auf dem Wege zum Sozialismus vorwärtsschreiten. Und nun reichen Sie uns die Hand!

Parteigenossen! Nun noch ein Wort von Jaurès, der ja als Unsterblicher tief in meinem Bewusstsein weiterlebt, bin ich doch lange Jahre in Deutschland der Einzige gewesen, der sich Jaurèsist nannte. Ich erinnere Sie an die Aussprache Jaurès im herrlichen Rathaussaal zu Kopenhagen, wo plötzlich sein Antlitz aufglühte von dem Blutmeer, durch das die Menschheit noch werde hindurchschreiten müssen und das die Erlösung der Menschheit bedeuten werde. Er war wie alle wahren Politiker ein Prophet. Das Blutmeer, das er vorausschaute, ist gekommen, aber es liegt glücklicherweise hinter uns. **Und nun helfen Sie uns, helfen wir einander die Erlösung zu schaffen und die neue Welt aufzubauen.** Gehen wir nicht auseinander, ehe wir uns gelobt haben: Bis zum Tode getreu der Sache der Freiheit, Menschlichkeit, des Sozialismus.

Wir haben keine Geduld mehr, unsere Träume von Sozialismus in ferne Zeiten zu stellen; **heute** leben wir und heute wollen wir handeln. **Handeln wir**! [Anhaltender brausender Beifall.]

Weitere Titel im Programm

Rathenau, Walter
**Kritik an der Novemberrevolution um
1918.** Persönliche Einblicke aus politischer
und gesellschaftlicher Sicht

SEVERUS Verlag Hamburg 2017
132 Seiten, 12 x 19 cm

19,90 € (HC)
978-3-95801-759-7

14,90 € (PB)
978-3-95801-760-3

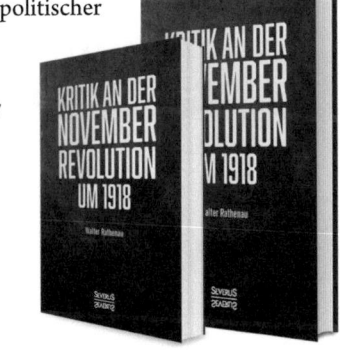

„Die Kritik war kein Produkt des Willens, sondern
des Widerwillens."

Walther Rathenau (1867-1922), ein Mann vieler
Talente, war deutscher Industrieller, Schriftsteller und
Reichsaußenminister. In diesem historischen Werk
gibt er persönliche Einblicke in die Zeit der Revolu-
tion um 1918, sowohl aus politischer wie auch aus
gesellschaftlicher Sicht. Kritisch beschrieb er die
Gefühlswelt der damaligen Zeit und trifft damit den
Nerv eines Zeitalters der Enttäuschung.

Müller, Richard
Die Novemberrevolution. Zeitzeugenberichte um 1918

SEVERUS Verlag Hamburg 2017
296 Seiten, 15,5 x 23 cm

34,90 € (HC)
978-3-95801-754-2

24,90 € (PB)
978-3-95801-755-9

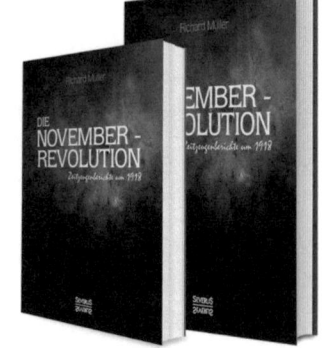

Richard Müller (1880-1943), Leiter der revolutionä-
ren Obleute und eine der einflussreichsten Persönlichkeiten der Arbeiterbewegung, stellt die Fülle der
bedeutsamen Geschehnisse der Novemberrevolution
1918 in Zeitzeugenberichte dar. Durch die persönli-
chen Erfahrungen erhält man einen tiefen Einblick in
eine wichtige Wende der deutschen Geschichte.
Inwiefern und unter welchen Voraussetzungen kam
es zum Sturz der Monarchie, zur Mobilisierung der
gesellschaftlichen Klassen oder auch zur Vollendung
des Zerfalls der sozialistischen Bewegung?

Sombart, Werner
Das Lebenswerk von Karl Marx. Sein sozialer und witschaftlicher Einfluss im beginnenden 20. Jahrhundert

SEVERUS Verlag Hamburg 2019
68 Seiten, 12 x 19 cm

29,00 € (HC)
978-3-96345-023-5

22,00 € (PB)
978-3-96345-024-2

„Im Jahre 1908 war ein Vierteljahrhundert seit dem Tode Karl Marxens verflossen. Das hat viele Federn und viele Münder in Tätigkeit gesetzt, die es unternommen haben, ein Fazit der Leistungen zu ziehen, die dieser seltsame Mann vollbracht hat."
Soziologe und Volkswirt Werner Sombart (1863–1941) resümiert über den Einfluss des sozialen und wirtschaftlichen Wirkens von Karl Marx, der eine große Faszination auf ihn ausübte. Dabei hält er zugleich die zeitgenössische Rezeption des Lebenswerks von Marx im beginnenden 20. Jahrhundert fest und leistet somit einen bedeutungsvollen Beitrag zur historischen Sekundärliteratur.